ສວນຜັກຫຼັງບ້ານ

ໂດຍ: ສົມພູ ແກ້ວບັນຣະພິດ

Library For All Ltd.

ສອນຜັກຫຼັງບ້ານ

ພິມຄັ້ງທຳອິດ 2020

ຈັດພິມໂດຍ: ອົງການ Library For All
ອີເມວ: info@libraryforall.org
URL: libraryforall.org

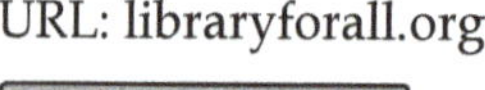

ປຶ້ມພາສາລາວເຫຼັ້ມນີ້ ຖືກສະໜັບສະໜູນໂດຍການຮ່ວມມືຂອງ

ສອນຜັກຫຼັງບ້ານ
ສົມພູ ແກວບົດຣະກິດ
ISBN: 978-9932-09-107-2
SKU00922

ສວນຜັກຫຼັງບ້ານ

ຄອບຄົວຂອງຂ້ອຍມີສວນຜັກ.

4

ພວກເຮົາປູກຜັກທຸາຍຂະນິດ.

ບໍ່ແມ່ນຜັກກາດຂາວ.

ນີ້ແມ່ນຜັກກາດຂຽວ.

ບິ່ແມ່ບໝາກເລັ່ນ.

ບີ້ແມ່ບໝາກເຂືອ.

ບໍ່ແມ່ນໝາກແຕງ.

ນີ້ແມ່ນໝາກເຜັດ.

ບ໊ແມ່ບຜັກທອມປ້ອມ.

ຂ້ອຍແລະພໍ່ຊ້ອຍກັບລ້ອມ
ຮົ້ວໄວ້ບໍ່ໃຫ້ໄກ່ມາຈິກຜັກ.

ສ່ອບແມ່ແລະນ້ອງໆເກັບຜັກ
ສຳລັບອາຫານແລງ.

ຂໍ້ມູນທາງບັນນາບຸກິມຂອງຫໍສະໝຸດແຫ່ງຊາດ

ສົມພູ ແກ້ວບໍຣະກິດ
    ສອບຜັກຫຸ້ງບ້ານ 1 / ໂດຍ ສົມພູ ແກ້ວບໍຣະກິດ. -- ຄັ້ງທີ2. -- ວຽງຈັນ :
ມັກອ່ານ, 2020
    32 ໜ້າ : ພາບປະກອບສີ ; 21 ຊມ
    1. ພິດສອບ
    2. ວັນນະກຳສຳລັບເດັກ
    I. ຊື່ເລື່ອງ
635 – dc21
    ISBN 978-9932-09-107-2

ເຈົ້າສາມາດໃຊ້ຄຳຖາມດັ່ງລຸ່ມນີ້ເພື່ອ ສົນທະນາກ່ຽວກັບເລື່ອງທີ່ອ່ານກັບ ຄອບຄົວ, ໝູ່ ແລະ ຄູອາຈານ.

ເຈົ້າໄດ້ຮຽນຮູ້ຫຍັງຈາກເລື່ອງນີ້?

ຈົ່ງອະທິບາຍເລື່ອງນີ້ ໂດຍໃຊ້ຄຳບັນຍາຍ 1ຄຳ. ຕະຫຼົກ? ຍ້ານ? ມິສິສັນ? ໜ້າສົນໃຈ?

ເມື່ອອ່ານຈົບແລ້ວ, ເລື່ອງນີ້ໃຫ້ຄວາມຮູ້ສຶກຫຍັງແດ່?

ໃນເລື່ອງນີ້, ເຈົ້າມັກສິ່ງໃດຫຼາຍທີ່ສຸດ?

ດາວໂລດແອັບ
getlibraryforall.org

ກ່ຽວກັບຜູ້ປະກອບສ່ວນ

Library For All ເຮັດວຽກຮ່ວມມືກັບນັກຂຽນ ແລະ ນັກແຕ້ມ
ທົ່ວໂລກເພື່ອສ້າງເລື່ອງທີ່ຫຼາກຫຼາຍ, ມີຄຸນນະພາບສູງໃຫ້ກັບຜູ້
ອ່ານໂຕນ້ອຍ. ທຸກຄົນສາມາດເຂົ້າໄປ ເວັບໄຊ libraryforall.org
ເພື່ອຮູ້ຂ່າວຫຼ້າສຸດ ກ່ຽວກັບກິດຈະກຳຝຶກອົບຮົມນັກຂຽນ, ຄູ່ມືຕ່າງໆ ແລະ
ໂອກາດສ້າງສັນອື່ນໆ.

ປຶ້ມຫືບນີ້ນ່ອບນໍ?

ພວກເຮົາມີປຶ້ມຫຼາຍຮ້ອຍຫົວໃຫ້ເລືອກອ່ານ.

ພວກເຮົາຮ່ວມມືກັບນັກຂຽນ, ຊ່ຽວຊານດ້ານການສຶກສາ, ທີ່ປຶກສາທາງດ້ານວັດທະນະທໍາ, ລັດຖະບານ ແລະ ອົງກອນທີ່ບໍ່ຂຶ້ນກັບລັດຖະບານ ເພື່ອນໍາຄວາມເພີດເພີນ ໃນການ ອ່ານໃຫ້ກັບເດັກນ້ອຍຫົວທຸກແຫ່ງ.

ຮູ້ບໍ?

ພວກເຮົາສ້າງການປ່ຽບແປງທີ່ດີໃນຂົງເຂດນີ້ ໂດຍປະຕິບັດ ເປົ້າໝາຍ ການພັດທະນາແບບຍືນຍົງຂອງສະຫະປະຊາຊາດ.

libraryforall.org